별숲 세계 시민 학교 2 환경

소중한 지구 환경 지키기

조지아 암슨 브래드쇼 글 · 데이비드 브로드벤트 그림

최현경 옮김 · 배성호 감수

별숲

이 책에 글을 쓴 **조지아 암슨 브래드쇼**는 영국에서 작가이자 어린이 책 편집자로 일하며 다양한 어린이 지식정보책을 기획하고 집필했습니다. 우리나라에 소개된 책으로 《세상에 도전한 위대한 여성들》, 《플라스틱 지구》, 《파워북》 들이 있습니다.

이 책에 그림을 그린 **데이비드 브로드벤트**는 영국의 일러스트레이터로, 어린이와 어른을 위한 여러 책뿐만 아니라 〈내셔널 지오그래픽〉, 〈가디언〉 같은 다양한 매체에 그림을 그리고 있습니다. davidbroadbent.co.uk

이 책을 우리말로 옮긴 **최현경**은 어린이 책을 기획하고 편집하고 번역하는 일을 합니다. 그동안 옮긴 책으로 《바나나 껍질만 쓰면 괜찮아》, 《쿠키 한 입의 행복 수업》 들이 있습니다. choihyunk@naver.com

이 책을 감수하고 추천한 **배성호**는 초등학교 교사이자 '전국초등사회교과모임' 공동 대표를 맡고 있습니다. 《두근두근 한국사》, 《더불어 사는 행복한 경제》를 비롯해 어린이가 복잡한 세상을 쉽게 이해할 수 있도록 도와주는 다양한 책을 썼습니다.

별숲 세계 시민 학교 **2** 환경
소중한 지구 환경 지키기

초판 1쇄 인쇄 2020년 3월 9일 | 초판 1쇄 발행 2020년 3월 20일
글 조지아 암슨 브래드쇼 | **그림** 데이비드 브로드벤트 | **옮김** 최현경 | **감수** 배성호 | **디자인** 손은영
펴낸곳 별숲 | **펴낸이** 방일권 | **출판등록** 제2018-000060호 | **주소** 서울특별시 마포구 양화로 133, 서교타워 1506호
전화 02-332-7980 | **팩스** 02-6209-7980 | **전자우편** everlys@naver.com

ISBN 978-89-97798-79-7 74330
ISBN 978-89-97798-77-3 (세트)

- 이 책 내용의 전부 또는 일부를 사용하려면 반드시 저작권자와 별숲 양측의 서면 동의를 받아야 합니다.
- 책값은 뒤표지에 표시되어 있습니다.
- 잘못된 책은 바꾸어 드립니다.
- 문학의 감동과 즐거움이 가득한 별숲 카페로 초대합니다. (http://cafe.naver.com/byeolsoop)

I'm a Global Citizen: Caring for the Environment

Text by Georgia Amson-Bradshaw
Illustrations by David Broadbent
First published in Great Britain in 2019 by The Watts Publishing Group
Copyright © The Watts Publishing Group, 2019
Korean Edition Copyright © Byeolsoop, 2020
All rights reserved.
This Korean edition published by arrangement with THE WATTS PUBLISHING GROUP LIMITED, on behalf of its publishing imprint Franklin Watts, a division of Hachette Children's Group, through Shinwon Agency Co., Seoul.

이 책의 한국어판 저작권은 신원에이전시를 통해 The Watts Publishing Group과 독점 계약한 별숲에 있습니다.
저작권법에 따라 한국 내에서 보호받는 저작물이므로 무단 전재 및 무단 복제를 금합니다.

이 도서의 국립중앙도서관 출판예정도서목록(CIP)은 서지정보유통지원시스템 홈페이지(http://seoji.nl.go.kr)와 국가자료종합목록 구축시스템(http://kolis-net.nl.go.kr)에서 이용하실 수 있습니다.
(CIP제어번호 : CIP2020007077)

● 차례

환경이란 무엇일까요? ············ 4

기후 변화란 무엇일까요? ············ 6

기후 변화는 생물에게 어떤 영향을 미칠까요? ············ 8

생명이 사라져 가요 ············ 10

내가 만약 벌이라면? ············ 12

환경 오염으로 어떤 문제가 생겼을까요? ············ 14

지구에 남기는 발자국을 줄여요 ············ 16

나도 할 수 있다! 환경 퀴즈 ············ 18

환경 정의란 무엇일까요? ············ 20

[역사] 파리 협약 ············ 22

[인물] 왕가리 마타이 ············ 24

[체험] 보도 사진가가 되어 봅시다 ············ 26

[실천] 자연의 친구를 찾아라! ············ 28

주요 개념
추천의 글
함께 읽으면 좋은 책

환경이란 무엇일까요?

여러분은 '환경' 또는 '자연환경'이란 말을 들으면 무슨 생각이 드나요?
너른 들판과 푸른 바다, 야생 동물과 희귀한 새들이 노니는 머나먼 열대 숲이 떠오르나요?
이 모두가 자연환경의 일부지만, 자연환경은 그보다 더 넓은 뜻을 지닌답니다.

사람도 동물이에요

우리는 자주 잊곤 하지만, 사실 인간도 역시 동물이랍니다. 우리도 나무나 새들처럼 자연의 일부지요. 우리는 대도시 한복판에서도 자연에 둘러싸여 있습니다. 우리가 들이마시는 공기부터 발 딛고 선 땅의 흙과 바위까지, 모두가 자연이니까요. 우리가 자연의 일부라는 말은, 자연이 돌아가는 체계에 기대어 살아간다는 뜻이에요. 나무와 곤충부터 땅과 바다에 이르기까지, 우리는 살아가기 위해 자연에 의지하지요. 이렇게 사람은 자연환경을 떠나서 살 수 없지만, 마치 그럴 수 있는 것처럼 행동합니다. 지구를 오염시키고 땅과 물 같은 자원을 함부로 써 버리는 거지요.

환경 문제가 심각해요

지금 이 순간에도, 인간이 만들어 낸 여러 가지 심각한 문제가 인간과 자연 세계 모두를 위협하고 있어요. 기후 변화가 온 지구에 커다란 영향을 미치고, 중요한 동식물이 멸종 위기를 맞았으며, 온갖 생물이 살아가는 서식지가 환경 오염으로 파괴되고 있지요. 사람들이 일으킨 여러 문제로 지구가 어떤 위기에 빠졌는지는 뒤에서 더 자세히 다룰 거예요.

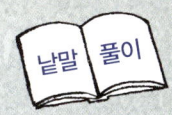 **서식지** : 어떤 식물이나 동물이 자리 잡고 살아가는 곳.

변화가 필요해요

우리는 지구를 더 잘 돌볼 수 있고, 다른 생물들과 지구를 나누어 쓰면서 함께 잘 지낼 수 있어요. 그러려면 지금까지와 달리 행동해야 하지요. 각자 혼자서 실천할 수 있는 일도 있고, 함께 힘을 모아야 할 일도 있어요. 다행히 사람과 동물이 함께 행복하게 살아가는 건강한 환경은 우리 힘으로 실천하여 이루어 낼 수 있답니다.

기후 변화란 무엇일까요?

오늘날 인류가 만든 여러 가지 환경 문제 가운데 가장 심각한 것이 바로 '기후 변화'예요.
인간의 활동으로 생겨난 특정 기체가 대기 중에 지나치게 많이 배출되면서
전 세계의 날씨가 이상하게 변해 가는 것이지요.

지구를 둘러싼 대기

지구는 얇은 기체 층으로 둘러싸여 있는데, 이를 대기라고 합니다.
이 기체들은 지구에 사는 모든 생명을 보호하지요.
대기에는 우리가 숨 쉴 때 필요한 산소가 들어 있어요.
지구의 온도를 일정하게 유지하는 일도 하지요.
태양 빛에서 해로운 부분을 걸러 내어
우리를 보호해 주지만, 한편으로는
태양열을 지구에 가두어 놓아
온실 같은 효과를
내기도 해요.

대기는 질소, 산소, 이산화 탄소를 비롯해 여러 기체로 이루어져 있어요.
그중 이산화 탄소(CO_2)는 지구에 열을 가두어 두는 데 가장 주된 역할을 해서,
흔히 '온실가스'라고도 불러요.

온실 효과

지난 몇백 년 동안 우리가 전기를 만들고 공장을 돌리고 자동차나 비행기를 타면서 석탄이나 석유 같은 화석 연료를 너무 많이 사용한 탓에, 대기 중에 이산화 탄소 양이 꾸준히 늘어났어요. 그래서 대기가 점점 더 태양열을 많이 가두어 놓게 되었지요.

대기는 자외선 같은 해로운 태양 빛을 막아 우리를 보호해요.

온실가스가 태양열 일부를 지구에 가둬 두어요.

가뭄과 홍수

지구의 공기가 점점 더 뜨거워지니, 공기 속에 떠도는 수증기가 식어서 한데 뭉쳐 비로 내리지 못하고 그대로 머물러 있기만 해요. 따라서 지구 곳곳에서 점점 더 비가 내리지 않고 가뭄이 생겨나지요. 어떤 지역에서는 공기가 물을 너무 많이 머금고 있다가 한꺼번에 퍼붓는 바람에 엄청난 폭우가 쏟아지고 홍수가 나기도 해요.

기후 변화는 생물에게 어떤 영향을 미칠까요?

기후 변화는 전 세계 모든 사람과 생물 들에게 엄청난 영향을 끼치고 있어요. 기온과 강우량이 달라지자, 그에 따라 식물이 자라는 시기와 장소도 달라졌어요. 식물은 먹이 사슬의 기본을 이루고 있어서, 다른 생물들에게도 잇달아 영향을 끼친답니다.

식량 부족

우리가 먹는 과일과 채소, 곡식을 기르려면 각 농작물에 맞는 적당한 날씨가 꼭 필요해요. 농작물이 잘 익도록 충분히 햇볕이 내리쬐어야 하고, 말라비틀어지거나 물에 잠겨 죽지 않게 비도 적당히 내려야 하지요.
하지만 기후 변화 때문에 더는 농사를 짓지 못하게 된 곳이 늘어났어요. 그러다 보니 식량 부족으로 힘들어하는 사람들도 점점 늘어나고 있지요.

바닷물 높이

지구가 뜨거워지자 극지방에 있는 얼음이 녹아내리기 시작했어요. 그러자 전 세계의 바닷물 높이가 점점 올라가고 있답니다. 폭우가 심해지면서 홍수도 더 자주 일어나고요. 바닷가 지역은 특히 큰 위험에 빠졌어요. 홍수로 보금자리를 잃은 사람들이 고향을 떠나야만 하는 경우도 늘었어요.

야생 동식물

야생 식물들 또한 점점 달라져 가는 온도와 날씨 때문에 힘겨워하고 있어요. 식물들은 대부분 기후 변화에 금세 적응하기가 어렵거든요. 초원이 사막이 되고, 습지는 점점 물에 잠기고 있어요.

기온이 올라가면서 바닷물 온도도 점점 높아지고 있어요. 몇몇 바다 생물에게는 온도 변화가 치명적인 해를 입히기도 하지요. 특히 산호초 같은 경우는 기후 변화에 아주 민감해서, 높은 온도에서는 알록달록한 색을 모두 잃고 생명이 없는 채로 하얗게 바래 버려요. 다음 쪽에서 야생 동식물이 어떤 위기를 맞이했는지 더 읽어 보세요.

생명이 사라져 가요

여러분은 파리를 보면 무슨 생각이 드나요? 말벌은요? 벌레는 징그럽다며 싫어하는 사람들이 꽤 많지만, 말벌과 파리 또한 여러 가지 생물 가운데 한 종류일 뿐이에요. 다양한 생물이 함께 살아가는 것은 우리 인간에게도 매우 중요한 문제예요.
하지만 지구상에서 사라져 가는 생물이 점점 늘고 있어요.

생물의 멸종

오늘날 생물 종이 멸종하는 속도는 자연 상태로 두었을 때보다 1천 배는 더 빨라졌어요. 과학자들이 짐작하기로는 날마다 150~200종이나 되는 식물, 곤충, 새, 동물 들이 사라져 간다고 해요.
야생 생물들에게 닥친 가장 커다란 문제는 서식지가 파괴되는 것이지요.

낱말 풀이

멸종 : 생물의 한 종류가 완전히 없어지는 걸 말해요. 우리나라에서는 반달가슴곰, 산양 같은 동물들이 멸종 위기에 놓여 있어요.

서식지 파괴

인류는 지구에서 아주 많은 공간을 차지하고 살아요. 지구에 있는 땅 가운데 3분의 1 이상을 사람이 먹을 식량을 생산하려고 사용하지요. 그런데 여기서 그치지 않고 다른 생물이 살아가던 서식지까지 점점 더 파괴하고 있어요. 목재로 쓰려고 함부로 나무를 베고, 농사를 짓거나 건물을 세우겠다며 숲과 초원을 밀어 버리는 거지요.

바닷물 높이

지구가 뜨거워지자 극지방에 있는 얼음이 녹아내리기 시작했어요. 그러자 전 세계의 바닷물 높이가 점점 올라가고 있답니다. 폭우가 심해지면서 홍수도 더 자주 일어나고요. 바닷가 지역은 특히 큰 위험에 빠졌어요. 홍수로 보금자리를 잃은 사람들이 고향을 떠나야만 하는 경우도 늘었어요.

야생 동식물

야생 식물들 또한 점점 달라져 가는 온도와 날씨 때문에 힘겨워하고 있어요. 식물들은 대부분 기후 변화에 금세 적응하기가 어렵거든요. 초원이 사막이 되고, 습지는 점점 물에 잠기고 있어요.

기온이 올라가면서 바닷물 온도도 점점 높아지고 있어요. 몇몇 바다 생물에게는 온도 변화가 치명적인 해를 입히기도 하지요. 특히 산호초 같은 경우는 기후 변화에 아주 민감해서, 높은 온도에서는 알록달록한 색을 모두 잃고 생명이 없는 채로 하얗게 바래 버려요. 다음 쪽에서 야생 동식물이 어떤 위기를 맞이했는지 더 읽어 보세요.

생명이 사라져 가요

여러분은 파리를 보면 무슨 생각이 드나요? 말벌은요? 벌레는 징그럽다며 싫어하는 사람들이 꽤 많지만, 말벌과 파리 또한 여러 가지 생물 가운데 한 종류일 뿐이에요. 다양한 생물이 함께 살아가는 것은 우리 인간에게도 매우 중요한 문제예요. 하지만 지구상에서 사라져 가는 생물이 점점 늘고 있어요.

생물의 멸종

오늘날 생물 종이 멸종하는 속도는 자연 상태로 두었을 때보다 1천 배는 더 빨라졌어요. 과학자들이 짐작하기로는 날마다 150~200종이나 되는 식물, 곤충, 새, 동물 들이 사라져 간다고 해요.
야생 생물들에게 닥친 가장 커다란 문제는 서식지가 파괴되는 것이지요.

낱말 풀이

멸종 : 생물의 한 종류가 완전히 없어지는 걸 말해요. 우리나라에서는 반달가슴곰, 산양 같은 동물들이 멸종 위기에 놓여 있어요.

서식지 파괴

인류는 지구에서 아주 많은 공간을 차지하고 살아요. 지구에 있는 땅 가운데 3분의 1 이상을 사람이 먹을 식량을 생산하려고 사용하지요. 그런데 여기서 그치지 않고 다른 생물이 살아가던 서식지까지 점점 더 파괴하고 있어요. 목재로 쓰려고 함부로 나무를 베고, 농사를 짓거나 건물을 세우겠다며 숲과 초원을 밀어 버리는 거지요.

사람에게 필요한 친구들

수많은 동식물의 목숨을 빼앗는 것은 그들에게만 불행한 일은 아닙니다. 사람에게도 마찬가지로 불행한 일이지요.
우리 인류 또한 자연을 이루는 한 부분이라는 점을 꼭 기억하세요. 파리나 말벌이나 다른 날벌레들은 '수분'을 통해 우리가 먹는 농작물이 자라게 합니다. 초콜릿이나 사과나 차를 기르려면 이 날벌레들이 꼭 필요하지요.

수분 : 곤충이나 새, 박쥐와 바람 들이 꽃가루를 수술에서 암술로 옮겨 주는 일을 말합니다.

번식 : 동물이나 식물이 짝짓기, 수분 같은 방법으로 자손을 낳아 수가 늘어서 널리 퍼져 나가는 것을 말합니다.

사라져 가는 물고기

바다가 건강해야 사람도 제대로 살아갈 수 있습니다.
전 세계 30억 명 넘는 사람이 강과 바다에서 낚아 올리거나 양식한 해산물을 먹어서, 생명을 유지하는 데 꼭 필요한 단백질을 공급받고 있지요.
하지만 최근에는 사람들이 물고기가 번식할 틈을 주지 않고 너무 많이, 빠른 속도로 싹쓸이하는 바람에 그 수가 크게 줄었습니다.
바다가 또 어떤 위험에 빠졌는지 알아보려면
14~15쪽을 살펴보세요.

내가 만약 벌이라면?

수분을 담당하는 생물들이 어떤 위기를 맞고 있는지, 놀이를 통해 알아봅시다. 주사위 하나와 야생벌을 나타내는 말 다섯 개를 준비하세요. 한 번에 말 하나를 사용합니다. 주사위를 굴려서 나오는 수만큼 아래 놀이판에서 말을 움직입니다. 움직이던 말이 '실패' 칸에 이르면 놀이판에서 뺀 다음, 다른 말로 처음부터 다시 시작합니다.

야생벌 다섯 마리 가운데 한 마리라도 여름이 끝날 때까지 버틸 수 있을까요?

1

2. 당신은 땅속에 집을 짓고 사는 벌인데, 도로포장으로 흙이 메워졌습니다. **실패.**

시작점

3

4

5. 당신은 집 짓기 적당한 작은 장소를 찾아냈습니다. 하지만 사람들이 밭을 만들려고 땅을 갈아엎었고, 이제 꿀을 듬뿍 머금었던 들꽃은 죄다 사라져 버렸습니다. 먹을거리를 하나도 구할 수가 없네요. **실패.**

6 7

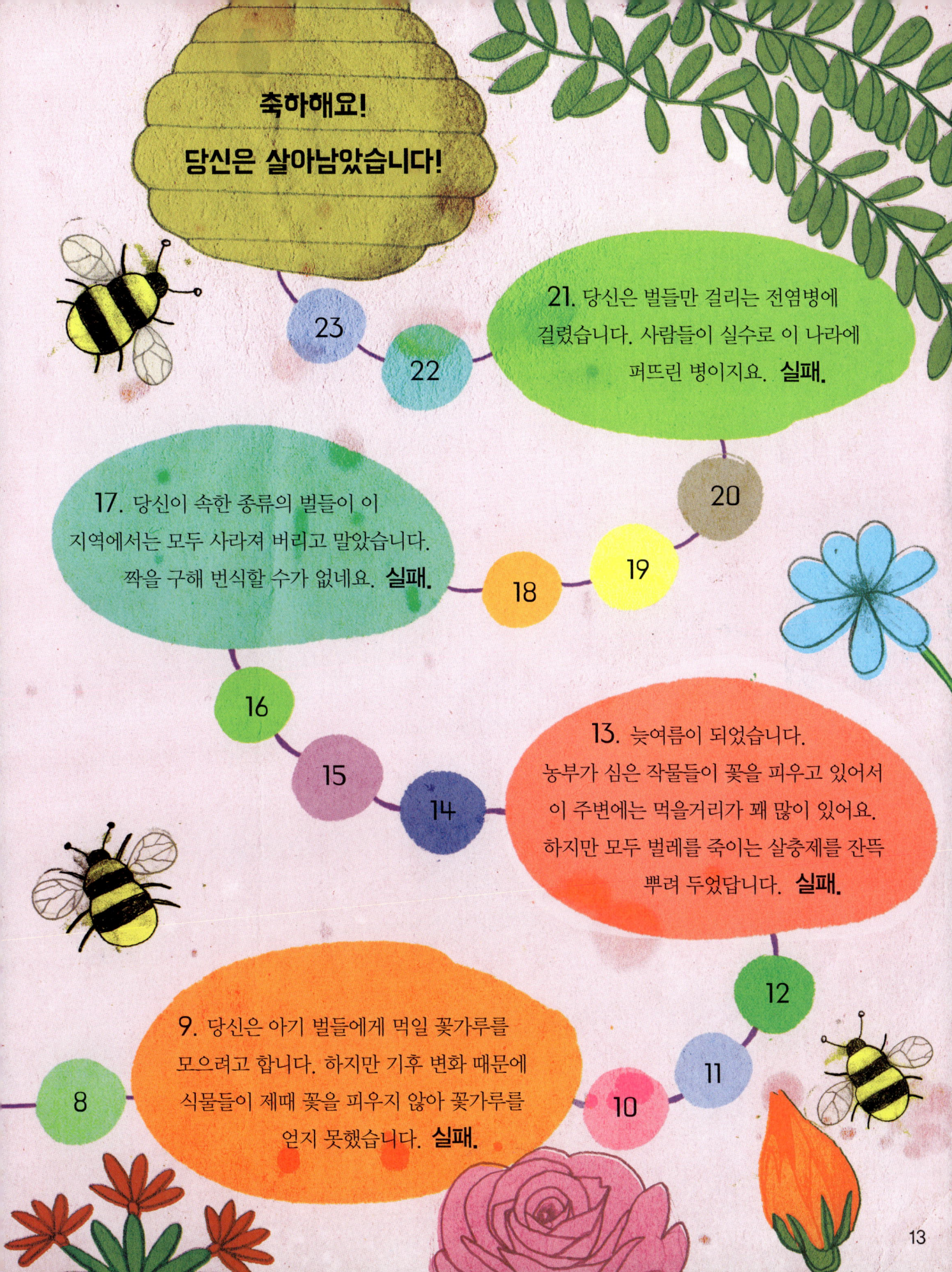

환경 오염으로 어떤 문제가 생겼을까요?

환경 오염은 해로운 기체나 액체, 고체 물질이 자연환경으로 섞여 들어가서 벌어지는 일을 말해요. 우리의 건강을 해칠 뿐만 아니라 자연 전체에도 나쁜 영향을 미치지요.

대기 오염

공장이나 자동차 엔진에서는 매연과 질소 산화물 같은 해로운 기체를 내뿜어요. 이 때문에 앞서 나온 온실 효과뿐만 아니라, 공기 중에 미세 먼지가 늘어나면서 여러 건강 문제를 일으켜요. 물론 동식물에게도 큰 해를 끼치고요.

수질 오염

물에 스며든 화학 물질이나 함부로 버려진 쓰레기가 강과 바다로 흘러들면, 물속에 사는 동식물도 오염되지요. 공장과 농장에서 흘려 보낸 화학 물질과 기름 유출 등으로 수질 오염이 나날이 심해지고 있는데, 그중 플라스틱 쓰레기 때문에 생기는 오염 문제가 가장 심각합니다.

해양 오염

플라스틱은 가볍고 튼튼하고 어떤 제품에나 쓸 수 있으며, 만드는 비용도 얼마 들지 않아요. 그래서 해마다 전 세계에서 4억 톤에 이르는 플라스틱이 만들어지고 있지요. 그중 고작 10퍼센트만이 재활용되고, 해마다 무려 1200만 톤이나 되는 플라스틱 쓰레기가 바다로 흘러듭니다. 매 분마다 쓰레기차 한 대 분량의 플라스틱 쓰레기를 바다에 버리는 거나 마찬가지지요. 이대로 계속 간다면, 2050년에는 바닷속 플라스틱 무게가 물고기들의 무게를 모두 합친 양보다 더 많아질 수도 있습니다.

 **재활용** : 버려져 못 쓰게 된 물건을 다시 쓸 수 있도록 처리하는 일을 말해요.

플라스틱 쓰레기

플라스틱은 그냥 두면 좀체 썩어 사라지지 않으므로, 물고기와 새가 작은 플라스틱 조각을 실수로 삼키는 일이 잦아요. 새들의 위장이 플라스틱으로 가득 차고, 비닐봉지 때문에 거북이 목이 졸리는 일도 자주 벌어지지요. 바닷가에 휩쓸려 온 죽은 고래의 배에서 엄청난 양의 쓰레기가 쏟아져 나오기도 하고요. 바다가 플라스틱으로 오염되는 문제를 해결하려면, 빨대나 비닐봉지 같은 일회용 제품 사용을 줄이고, 한번 사용한 플라스틱은 재활용해야 합니다.

지구에 남기는 발자국을 줄여요

여러분의 발자국은 얼마나 큰가요? 아니, 진짜 발로 땅에 찍은 거 말고요!
'생태 발자국'이란 말이 있어요. 여러분이 먹는 음식이나 자주 쓰는 물건, 추위나 더위를 막으려고 쓰는 에너지를 만들기 위해 얼마나 많은 환경 자원을 사용하는지 계산해서 땅 넓이로 나타낸 거예요. 또 '탄소 발자국'이나 '물 발자국' 같은 개념으로 우리가 살아가기 위해 지구에 남기는 흔적을 계산해 보기도 해요.

너무 커다란 발자국

오늘날 지구 인구는 너무 많이 늘어나서, 자원이 남아나지 않을 지경이 되었어요. 그런데 모든 지구인이 비슷한 양만큼 자원을 쓰는 건 아니에요. 예를 들어 모든 지구인이 오스트레일리아 보통 사람의 생활 방식대로 살아가려면, 지구 같은 행성이 다섯 개쯤은 필요해요. 하지만 모든 지구인이 베트남의 보통 사람처럼 살아간다면, 지구보다 10퍼센트쯤 더 작은 행성에서도 '지속 가능한 삶'을 살아갈 수 있답니다. 그런가 하면 미국 사람 한 명이 만들어 내는 탄소를 없애기 위해 심어야 할 나무 그루 수는 페루보다 8배가 많고, 케냐보다 50배가 많아요.

낱말 풀이

지속 가능한 삶 : 지구의 자원을 다 써 버리거나 환경을 해치지 않고, 그대로 지킬 수 있는 방식으로 살아가는 거예요.

발자국 계산기

여러분이 지구에 남기는 발자국이 얼마나 큰지 계산해 볼 수 있습니다. 지금 생활 방식대로 살아가려면 일 년에 나무를 몇 그루나 심어야 하는지, 또는 지구가 몇 개나 필요한지 알아보세요. 어른과 함께 아래 사이트에 들어가 우리 가족의 생태 발자국을 계산해 봅시다.

* 탄소 발자국 계산기(한글) www.kcen.kr/tanso/intro.green
* 생태 발자국 계산기(영문) www.footprintcalculator.org

생태 기록장

생태 발자국을 계산해 보면서 어떻게 하면 우리가 환경에 미치는 나쁜 영향을 줄여 나갈 수 있을지 몇 가지 실마리를 얻었을 거예요. 그렇다면 이제 여러분이 시도한 친환경 활동을 수첩에 기록해 보세요. 다음과 같은 내용을 담을 수 있어요.

* 자가용을 타는 대신 걸어 다니거나 자전거, 대중교통 같은 친환경 교통수단을 이용합니다.
* 고기나 유제품 대신 식물성 식품을 자주 먹습니다. 식물을 기를 때는 고기나 유제품보다 땅과 물 같은 자원을 덜 사용하기 때문입니다.
* 재사용, 재활용을 생활화합니다.

이미 오래전부터 친환경적인 생활 방식으로 살아온 나라도 있지만, 이들마저도 점점 환경에 해를 끼치는 다른 나라 사람들의 생활 방식에 영향을 받고 있습니다. 20~21쪽에서 이 문제에 관해 더 자세히 다룹니다.

나도 할 수 있다! 환경 퀴즈

지구 환경은 지금 심각한 위기를 맞고 있지만, 우리가 지구를 다시 아름답게 가꾸기 위해 실천할 수 있는 일도 많이 있어요. 어떤 실천을 하면 좋을지 퀴즈를 풀면서 생각해 보세요.

1. 전기 같은 에너지를 생산하려고 화석 연료를 태우면서 만들어진 이산화 탄소 때문에 온실 효과가 나날이 심해지고 있어요. 아래 두 가지 가운데 탄소 발자국을 더 많이 줄이는 방법은 무엇일까요?
   ① 컴퓨터를 쓰지 않을 때는 꺼 둔다.
   ② 새 컴퓨터를 사기보다 중고 제품을 쓴다.

2. 비행기를 덜 타는 것도 이산화 탄소 배출을 줄이는 좋은 방법이에요. 그런데 더 많은 사람이 함께 실천하면 탄소 발자국을 크게 줄일 수 있는 효과 좋은 방법이 있어요. 무엇일까요?
   ① 고기나 유제품은 덜 먹고, 식물성 식품을 자주 먹는다.
   ② 집에서 난방 기구나 에어컨 사용을 줄인다.

3. 쓰던 물건을 재활용하면 처음부터 만드는 것보다 훨씬 더 많은 에너지를 아낄 수 있어요. 금속 제품을 새로 만들지 않고 재활용한다면, 에너지를 얼마나 절약할 수 있을까요?
   ① 95퍼센트
   ② 65퍼센트

4. 자가용 대신 대중교통을 이용하거나 걷거나 자전거를 타면 이산화 탄소 배출량을 아주 많이 줄일 수 있어요. 1년 평균 얼마나 줄일 수 있을까요?

① 1톤 : 텔레비전을 250일 동안 계속 켜 놓을 때와 같은 양
② 2.4톤 : 전구를 21년 동안 계속 켜 놓을 때와 같은 양

5. 지구 위의 많은 땅이 농사짓는 데 쓰입니다. 농지를 어떻게 쓰느냐에 따라 야생 동식물을 해칠 수도 있고, 잘 살아가게 도울 수도 있지요. 어떤 음식을 구입해야 환경에 이로울까요?

① 현지에서 기른 유기농 식품
② 오래 두고 먹을 수 있는 통조림, 보존 식품

6. 환경을 위해 각자 작은 실천을 하는 것도 중요하지만, 한편으로는 인류 전체가 함께 더 적극적인 해결 방법을 찾아가야 합니다. 아래 두 가지 가운데 지구 환경에 더 근본적인 변화를 일으킬 수 있는 방법은 무엇일까요?

① 인구 증가율을 줄인다.
② 비행기 이동을 줄인다.

좀 어려운가요? 정답과 해설은 30쪽에 있습니다.

환경 정의란 무엇일까요?

'환경 정의'란 말을 들어 본 적이 있나요?
'정의'란 말은 공정함이나 올바른 도리 등을 뜻한다고 알고 있을 거예요.
그렇다면 환경에 관련된 공정함이란 무슨 뜻을 지닐까요?

누가 책임질까?

우리는 모두 자연환경에 의존하며 살아갑니다. 환경은 우리에게 안전하고 건강하게 살아갈 공간과 음식, 물 같은 자원을 제공해 주지요. 환경 정의는 모든 사람이 환경 자원을 공평하게 나눠 쓸 수 있어야 하며, 환경 문제 때문에 생기는 나쁜 영향을 줄여 가는 일도 똑같이 나누어 책임져야 한다는 생각입니다.

하지만 세계 곳곳을 둘러보면 기후 변화나 환경 오염을 일으키는 데 책임이 거의 없는 사람들이 나쁜 영향은 더 많이 받고 있습니다.

기후 불평등

지난 250년 동안 대기 중에 배출된 이산화 탄소는 대부분 몇 안 되는 부유한 나라와 지역에서 만들어진 것입니다. 미국, 유럽 연합, 중국, 러시아, 일본 등 5대 배출 지역이 그동안 배출한 이산화 탄소 양은 전체 양의 3분의 2가 넘는다고 해요.

하지만 기후 변화 때문에 일어난 홍수, 가뭄, 식량 부족으로 고통받는 나라는 따로 있어요. 방글라데시의 저지대나 아프리카와 남태평양의 여러 나라는 그동안 온실가스 배출을 거의 하지 않았는데도 피해는 고스란히 당하고 있지요.

전 세계에는 자동차를 몰거나, 고기와 유제품을 많이 먹거나, 비행기를 타고 외국에 가거나, 온갖 다양한 물건을 구입할 여유가 전혀 없는 사람이 수십억 명에 이릅니다. 당연히 이 사람들의 생태 발자국은 더 작을 수밖에 없지요. 지구의 모든 생명을 위해 대기 중으로 배출하는 온실가스는 반드시 줄여 나가야 합니다. 그런데 가난한 나라 사람들은 환경을 지키기 위해 부유한 나라 사람들이 누리는 편리한 생활 방식을 절대로 따라 하면 안 되는 걸까요?

자동차에서 주문하세요

변화를 이룬 역사 한 토막

파리 협약

기후 변화는 인류에게 닥친 가장 중요한 문제인데, 왜 많은 나라는 기후 변화를 막기 위해 더 노력하지 않을까요? 지금 이 순간에도 인류가 쓰는 에너지의 80퍼센트를 화석 연료에서 얻으면서 끊임없이 온실가스가 배출되고, 이에 따라 기후 변화도 점점 더 심해지고 있는데도요.

기후 변화와 경제

세계 곳곳에서 수많은 사람이 옷이나 장난감, 전자 제품 같은 새 물건을 만들고 사고팔면서 돈을 벌고 있어요. 그런데 공장에서 새 물건을 만들 때도 대기 중에 온실가스가 배출되지요. 온실가스 배출을 줄이려고 노력하는 동시에, 많은 사람이 일자리를 얻고 급여를 받을 수 있도록 경제를 유지하는 일은 쉽지 않은 도전이에요.

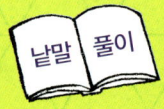 **경제** : 사람이 살아가는 데 필요한 물건이나 서비스를 만들고 나누고 사용하는 모든 활동을 말해요.

재생 에너지 : 태양열이나 물과 바람, 땅의 열을 이용하는 에너지처럼 아무리 써도 바닥나지 않는 자연 에너지를 말합니다.

기후 변화 회의

어떤 나라도 혼자서 환경 문제를 해결할 수는 없어요. 전 세계 모든 나라 사람들이 함께 노력해야 하지요. 1995년에 처음으로 여러 나라가 한자리에 모여 '국제 연합 기후 변화 회의'를 열었어요. 그 뒤로도 해마다 이 회의를 열어 기후 변화를 막기 위한 대책을 논의해 왔고요. 하지만 함께 모여 논의하는 일이 쉽지만은 않아요. 여러 나라가 각자 배출 가스를 얼마나 책임지고 줄여야 하는지 늘 의견이 엇갈리기 때문이지요.

파리 협약

2016년에는 기후 변화 회의가 프랑스 파리에서 열렸어요. 몇 년 동안 협상한 끝에 마침내 195개 나라가 함께 기후 변화에 맞서 싸우기로 합의했지요. 협약에서 가장 중요한 내용은 모든 나라가 각자 상황에 맞는 변화 목표를 세웠다는 점이에요. 가장 오랫동안 지구를 오염시켜 온 부유한 나라는 재생 에너지를 사용해도 경제가 돌아가는 데 별로 영향을 받지 않지만, 한창 성장하고 있는 나라나 가난한 나라는 그렇지 않거든요. 이런 상황에서 모든 나라에 똑같은 원칙을 들이대는 것은 공평하지 않지요. 또 파리 협약에는 부유한 나라는 가난한 나라가 재생 에너지를 더 많이 쓸 수 있도록 도와주어야 한다는 내용도 담겨 있어요. 기후 변화에 맞서 싸우기 위해 앞으로도 더 많은 노력을 기울여야 하겠지만, 파리 협약은 중요한 첫걸음이 되었습니다.

변화를 이끈 위대한 인물
왕가리 마타이

왕가리 마타이는 1940년 케냐의 자그마한 시골 마을에서 태어났어요. 마타이의 부모님은 남달리 영특한 딸을 학교에 보내 주었어요. 당시에 케냐의 시골 마을에서는 아주 드문 일이었지요. 마타이는 우수한 성적으로 고등학교를 마치고, 장학금을 받아 미국에 있는 대학교로 생물학을 공부하러 떠났어요. 몇 년 뒤 다시 케냐로 돌아와, 나이로비 대학교에서 박사 과정을 마치고 강단에 섰어요. 동아프리카 최초로 여성 박사이자 교수가 된 거지요.

마타이는 케냐 적십자사나 유엔 환경 계획 같은 단체에서 자원봉사를 하면서, 수많은 케냐 사람이 땔감이나 물이 부족해 고통당한다는 걸 알게 되었어요. 땔감이 없으면 건강한 음식을 요리할 수 없으므로 영양실조에 걸리기도 쉬웠지요.

마타이는 왜 이런 문제가 생겼는지 파헤쳐 보았어요. 사람들은 나무를 베어 목재로 팔거나, 나무를 벤 땅에 차와 커피처럼 돈이 되는 작물을 재배하려고 숲을 마구 파괴했어요. 그런데 나무가 없으면 땅이 물을 오래 머금지 못해 가뭄이 생기고 흙이 자꾸 깎여 나가요. 그러다 보면 마실 물도 부족하고, 먹을거리를 기르기도 어렵고, 요리하는 데 쓸 나무도 남아 있지 않게 되는 거지요.

유일한 해결책은 나무를 심는 일이었어요. 1977년에 왕가리 마타이는 지역 여성들과 함께 토종 나무를 심는 운동을 시작하고 '그린벨트 운동'이라고 이름 붙였어요. 그린벨트 운동은 큰 성공을 거두었어요. 지금까지 케냐 전체에 5천만 그루도 넘는 나무를 심었고, 3만 명 넘는 여성이 나무 심고 가꾸는 기술을 익혀 활동했지요.

마타이는 환경 운동뿐만 아니라 여성이 투표를 할 수 있도록 돕는 등 케냐의 정치가 올바른 방향으로 나아가도록 힘썼어요. 그 당시 케냐를 지배하던 독재 정권은 마타이를 쫓아내려고 갖은 애를 다 썼지만 결국 성공하지 못했어요. 그린벨트 운동은 나날이 확대되었고, 마타이는 국회 의원과 환경부 차관 등을 지내며 활발하게 활동했지요. 마침내 2004년에는 지속 가능한 발전과 민주주의에 이바지한 공로로 노벨 평화상을 받았답니다.

친환경 체험하기

보도 사진가가 되어 봅시다

기자는 사람들에게 중요한 뉴스와 시사 문제를 전해 주는 일을 해요.
그중 사진과 사진 설명을 이용해 시각적으로 기삿거리를 전달하는 사람을
사진 기자, 또는 보도 사진가라고 불러요.
어떤 소식이나 이야기를 사진으로 보여 주면 좀 더 생생하게 다가와요.
같은 문제라도 이미지로 보는 것이 글로 읽는 것보다 더 강력하게 영향을 미치지요.
예를 들어 코끼리가 물을 찾으려고 고생하는 사진을 보면, 가뭄 때문에 코끼리 수가
얼마나 줄었는가 하는 통계 자료를 읽는 것보다 훨씬 더 강한 충격을 받게 돼요.

사진 기사 만들기

여러분이 사는 지역에 어떤 환경 문제나 뉴스거리가 있는지 알아보세요. 주변의 산이나 바다가 쓰레기 때문에 몸살을 앓고 있다든지 하는 환경 문제 한 가지를 정해 보세요. 또는 환경을 되살리기 위해 노력하는 사람들의 이야기처럼 긍정적인 뉴스를 정해도 좋습니다. 여러분 주변에도 야생 동물을 보호하는 이들을 비롯해 환경을 위해 노력하는 사람들이 얼마든지 있을 거예요.

인터넷을 뒤지거나 사람들과 이야기를 나누면서 여러분만의 기삿거리를 찾아보세요. 그 이야기를 시각적으로 잘 보여 주기 위해 어떤 사진을 찍을 수 있을지 생각해 보세요. 예를 들어 바닷속 쓰레기 문제를 다루고 싶다면, 바닷가로 떠밀려 온 쓰레기 사진을 찍으면 됩니다.

이야기를 나타낼 수 있는 사진 여러 장을 찍었다면, 이제 사진에 맞는 설명을 적어 넣으세요. 사진 설명을 '캡션'이라고도 합니다. 사진에 담겨 있는 상황을 설명하고, 무엇이 가장 중요한 내용인지도 짚어 주어야 하지요. 캡션을 넣은 사진을 소셜 미디어에 올리거나, 프린터로 출력해서 미술관처럼 벽에 전시해 보아도 좋습니다.

친환경 실천하기 자연의 친구를 찾아라!

친구나 가족 들과 함께 누가 더 환경친화적인 행동을 많이 했는지 겨루어 보세요. 다음에 나오는 여러 활동에 도전하여 가장 잘한 사람에게는 상을 줍니다.
채소든 꽃이든 식물을 기르면 환경에 많은 도움이 됩니다. 식물 기르기 활동은 자연을 돕는 가장 훌륭한 방법 가운데 하나지요. 아래 활동 중에서 골라서 도전해 보세요.

채소 기르기 도전!

집에서 채소를 길러 먹으면 운반하기 위해 차를 쓸 일도, 포장지를 쓸 일도 없어요. 또 곤충이나 야생 동물을 해치지 않는 방식으로 기를 수 있지요. 정해진 기간 동안 같은 크기의 땅이나 화분에서 누가 가장 많은 채소를 길렀는지 겨루어 보세요.

꽃 기르기 도전!

꽃을 심는 일은 야생 동물을 돕는 아주 멋진 방법이에요. 수많은 곤충이 꽃에서 꿀이나 꽃가루를 얻어 먹고살기 때문이지요. 창가나 테라스 화분에 꽃을 심어서, 누가 가장 아름답고 풍성하게 꽃을 피우는지 겨루어 보세요.

쓰레기 배출 0에 도전!

쓰레기를 전혀 배출하지 않기란 아주 어렵지만, 기간을 정해서 한번 시도해 보면 어떨까요? 일주일 동안 일회용 포장지에 들어 있는 과자, 플라스틱 빨대나 비닐봉지를 비롯해 쓰레기를 만들어 내는 모든 음식을 최대한 먹지 않도록 합니다. 일회용 포장지에 담긴 물건을 사용하거나 먹었다면, 포장지를 상자 하나에 모아 두세요. 한 주가 끝나면 함께 모여서 상자에 담긴 쓰레기 무게를 재 봅니다. 가장 적게 나온 사람이 우승이지요!

자가용 안 타기 도전!

우리는 걷거나 자전거를 타거나 대중교통을 이용할 수 있을 때도 종종 자가용을 이용하곤 합니다. 자가용을 타지 않고도 안전한 이동 방법이 있다면, 한 달 동안 자가용을 타지 않는 생활에 도전해 보세요. 자가용을 타거나 타지 않고 몇 킬로미터나 이동했는지 쭉 기록한 다음 더해 보세요. 자가용을 타지 않고 이동한 비율이 가장 높은 사람이 우승합니다.

주요 개념

기후 변화 : 인간의 활동으로 생겨난 온실가스 때문에 전 세계의 날씨가 변해 가는 것.

온실 효과 : 대기에 이산화 탄소 같은 온실가스가 점점 늘어나 지구가 온실처럼 뜨거워지는 것.

멸종 : 생물의 한 종류가 완전히 사라지는 일.

서식지 : 어떤 식물이나 동물이 자리 잡고 살아가는 곳.

환경 오염 : 인간의 여러 활동과 개발로 자연이 파괴되고 공기, 물, 흙 등이 더럽혀지는 일.

재생 에너지 : 태양열이나 수력, 풍력 에너지처럼 아무리 써도 바닥나지 않는 자연 에너지.

재활용 : 버려져 못 쓰게 된 물건을 다시 쓸 수 있도록 처리하는 일.

생태 발자국 : 인간의 활동이 자연에 미치는 영향을 땅 넓이로 표현한 것.

환경 정의 : 모든 사람이 공평하게 자원을 나눠 쓰고, 환경 문제도 함께 책임져야 한다는 생각.

친환경(환경친화) : 자연환경을 더럽히지 않고 자연 그대로의 환경과 잘 어울리는 일.

<나도 할 수 있다! 환경 퀴즈> 정답 : 1. ② 2. ① 3. ① 4. ② 5. ①, ② 6. ①

1. 새로 컴퓨터를 만들어 내는 데는 컴퓨터를 사용할 때보다 훨씬 많은 에너지를 써야 해요.

2. 고기와 유제품이 우리 식탁에 올라오기까지 아주 많은 이산화 탄소가 공기 중으로 배출됩니다. 동물은 땅을 많이 차지하고 음식도 많이 먹는데, 이 때문에 나무를 마구 베어 내는 삼림 파괴가 일어납니다. 동물을 먹기 위해 나무를 베고 땅을 갈아엎으면서 이산화 탄소가 배출되기도 하고요. 또 소나 양이 내뿜는 트림과 방귀에서 엄청난 온실가스가 나오기도 해요! 그러다 보니 채식주의자는 보통 사람보다 탄소 발자국이 절반밖에 되지 않는다고 해요. 물론 난방 기구나 에어컨 사용을 줄이는 것도 지구 환경에 큰 도움이 되지요.

5. 둘 다 답이라니 깜짝 놀랐죠? 유기농 식품은 농약을 쓰지 않고, 현지에서 기른 식품은 운송하는 데 에너지를 덜 쓰기 때문에 환경에 이로워요. 그런데 재활용 가능한 통조림에 담긴 음식을 먹으면 음식물 쓰레기를 줄일 수 있으므로, 그것도 환경에 좋은 일이 될 수 있지요.

6. 비행기는 한번 날 때마다 아주 많은 연료를 써야 하고, 또 해로운 물질이 잔뜩 들어 있는 배기가스를 대기층에 곧바로 내뿜기 때문에 온실 효과에도 나쁜 영향을 끼쳐요. 따라서 되도록이면 비행기보다 배나 기차 같은 교통수단을 이용하는 것이 좋아요. 그런데 인구가 줄어들면 그보다 훨씬 큰 효과가 나타나요. 사람 한 명이 평생 만들어 내는 이산화 탄소 양이 아주 많기 때문이지요.

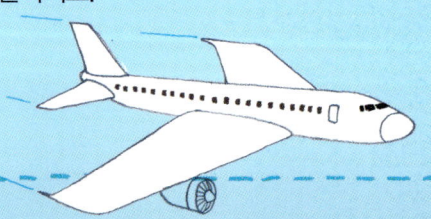

추천의 글

세계화가 그 어느 때보다 빠르게 현실로 구현되고 있는 지금 이 순간, 우리 아이들이 성숙한 세계 시민으로 성장할 계기를 마련해 주는 길라잡이 〈별숲 세계 시민 학교〉 시리즈를 소개합니다.

이 시리즈에서 다루는 평화, 환경, 다문화, 인권, 규칙, 평등이라는 여섯 가지 주제는 우리나라 교육에서도 중요하게 다루는 내용일 뿐만 아니라, 아이들이 세계 시민으로서 세계인과 더불어 행복하게 살아가기 위해 꼭 필요한 내용입니다.

찬찬히 한 권 한 권에 담긴 이야기를 읽다 보면, 자연스럽게 자신이 발 딛고 살아가는 삶터의 모습을 살필 수 있습니다. 동시에 세계 곳곳에서 일어난 중요한 역사적 사건들, 그리고 수많은 사람이 더 나은 세상을 만들기 위해 노력한 이야기도 만나 볼 수 있습니다.

이 책이 더욱 매력적인 이유는 개념을 설명하는 내용뿐만 아니라, 아이들이 직접 세계 시민의 눈으로 체험하고 실천할 수 있는 활동이 다채롭게 포함되어 있다는 점입니다. 여러 가지 흥미진진한 활동을 통해 드넓은 세계의 문제를 머나먼 남의 이야기가 아닌 나 자신의 문제로 받아들일 수 있습니다. 부모님과 선생님도 아이들과 함께 이 책을 읽고 활동하며 유쾌한 사회적 상상력을 열어 가기를 추천합니다.

배성호 (전국초등사회교과모임 공동 대표)

**배성호 선생님이 추천하는
소중한 지구 환경을 지키기 위해 함께 읽으면 좋은 책**

《자연의 마지막 경고, 기후 변화》 김은숙 글, 이경국 그림, 미래아이, 2019.
《내 스마트폰이 아프리카에 있대요》 양혜원 글, 소복이 그림, 스콜라, 2019.
《비닐봉지가 코끼리를 잡아먹었어요》 김정희 글, 이희은 그림, 사계절, 2019.
《플라스틱 지구》 조지아 암슨 브래드쇼 글, 김선영 옮김, 푸른숲, 2019.
《쓰레기는 쓰레기가 아니다》 게르다 라이트 글, 서지희 옮김, 위즈덤하우스, 2019.
《다시 초록 섬》 다니엘 몬테로 갤런 글·그림, 한울림, 2019.
《초록을 품은 환경교과서》 올레 마티스모엔 글, 제니 요르달 그림, 손화수 옮김, 청어람아이, 2019.
《세계를 바꾸는 착한 에너지 이야기》 서선연 글, 김설희 그림, 북멘토, 2017.

"우리 마을, 우리나라를 넘어 세계 시민으로!"

성숙한 세계 시민으로 성장하기 위한 길라잡이
별숲 세계 시민 학교 시리즈

1권 평화

우리 주변과 세계에서 끊임없이 일어나는 갈등과 전쟁을 막고 지속적인 평화를 이루기 위해서는 어떤 노력이 필요할까요? 평화로운 세계를 만들기 위한 타협, 조정, 중재, 협상 등에 관해 알아봅니다.

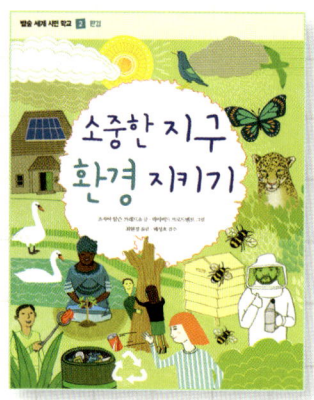

2권 환경

사람도 자연환경의 일부지만, 우리는 마치 자연을 떠나 살 수 있는 것처럼 지구를 함부로 오염시키고 있어요. 인간의 활동으로 생겨난 기후 변화, 동식물의 멸종 위기, 환경 오염을 막기 위해 어떤 노력이 필요한지 알아봅니다.

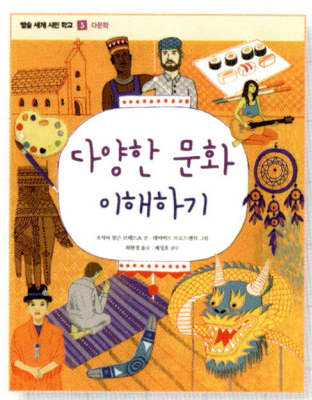

3권 다문화

지금 세계는 여러 문화 출신 사람들이 한데 섞여 살아가고 있어요. 다양한 사람과 어울리며 다양한 문화를 누리면 우리 삶도 더욱 풍부해져요. 편견과 차별 없이 다문화를 이해하고 받아들이는 태도에 관해 생각해 봅니다.

4권 인권

사람은 누구나 인권을 가지고 태어나지만, 가난과 전쟁, 권력과 불평등 문제로 인권을 제대로 누리지 못하는 사람들이 많아요. 모든 사람의 인권을 보호하기 위한 정부와 국제 사회의 노력, 우리의 자세에 관해 생각해 봅니다.

5권 규칙

규칙을 정하고 바꾸는 힘이 바로 권력입니다. 민주주의 사회의 권력은 왕이나 독재자가 아니라 국민에게 있고, 모든 국민이 투표로 규칙을 정하지요. 공평한 규칙을 만드는 과정과 잘못된 규칙을 바꾸는 행동에 관해 알아봅니다.

6권 평등

오늘날에는 모든 사람이 평등하다는 생각이 당연하게 여겨지지만, 실제로 그러한가요? 빈부 격차, 불공평한 분배, 성차별과 인종 차별, 장애인 차별 같은 불평등 문제를 어떻게 해결할 수 있을지 생각해 봅니다.